www.kidkiddos.com
Copyright©2015 by S. A. Publishing ©2017 by KidKiddos Books Ltd.
support@kidkiddos.com

All rights reserved. No part of this book may be reproduced in any form or by any electronic or mechanical means, including information storage and retrieval systems, without written permission from the publisher or author, except in the case of a reviewer, who may quote brief passages embodied in critical articles or in a review.
Second edition

Translated from English by Sara Adinolfi
*Traduzione dall'inglese di Sara Adinolfi*

**Library and Archives Canada Cataloguing in Publication Data**
Boxer and Brandon (Italian Bilingual Edition)
ISBN: 978-1-5259-3029-4 paperback
ISBN: 978-1-77268-527-5 hardcover
ISBN: 978-1-77268-203-8 eBook

Please note that the Italian and English versions of the story have been written to be as close as possible. However, in some cases they differ in order to accommodate nuances and fluidity of each language.

Inna Nusinsky

Illustrations by Gillian Tolentino

Hello, my name is Boxer. Nice to meet you! This is the story of how I got my new family.

*Ciao, mi chiamo Boxer. Piacere di conoscerti! Questa è la storia di come sono entrato a far parte della mia nuova famiglia.*

It all started when I was two years old.
*È iniziato tutto quando avevo due anni.*

I was homeless. I lived on the street and ate out of garbage cans. People got pretty mad at me when I knocked over their trash cans.
*Non avevo una casa. Vivevo per strada e mangiavo ciò che trovavo nei bidoni della spazzatura. Si arrabbiavano tutti con me quando rovesciavo i bidoni per terra.*

"Get out of here!" they would shout. Sometimes I had to run away really fast!
*"Sparisci!" gridavano. A volte dovevo correre via in fretta!*

Living in the city can be hard.
*Vivere in città può essere davvero difficile.*

When I wasn't looking for food, I liked to sit and watch people walk by on the sidewalk.

*Alcune volte, rivolgevo loro uno sguardo triste, così mi davano da mangiare.*

Sometimes, I would look at people with my sad eyes and they would give me food.

*Quando non ero alla ricerca di cibo, mi piaceva stare seduto a osservare i passanti che camminavano sul marciapiede.*

"Oh, what a cute doggy! Here, have a snack," they would say.

*"Oh, che carino! Tieni, ecco uno spuntino" dicevano.*

It looked really good!
*Sembrava veramente buono!*

I put on my sad eyes. The boy stopped and held out his sandwich. I was just about to take a bite, when...

*Allora ho fatto il mio sguardo triste, il bambino si è fermato e mi ha teso il suo panino. Stavo quasi per addentarlo, quando...*

"Brandon, don't feed that dog! He'll just come looking for more," exclaimed his dad. Brandon pulled the sandwich back.

*"Brandon, non dar da mangiare a quel cane! Ne vorrà ancora" ha esclamato suo padre. Brandon ha ritirato il panino.*

So close—I could smell the peanut butter! Parents never want to share with me!

*Ci ero così vicino, potevo sentire l'odore del burro di arachidi! I genitori non vogliono mai darmi nulla!*

I whined as pitifully as I could as they walked away.

*Ho piagnucolato nel modo più disperato che ho potuto, mentre si allontanavano.*

After that, I decided to chase a cat, and then I took a nap. I was having a wonderful dream.

*Dopo di che ho deciso di dar la caccia a un gatto, e poi ho fatto un pisolino. Stavo facendo un sogno stupendo.*

I was in a park and everything was made from meat—the grass was bacon! The trees were steaks! It was the best dream ever.

*Ero nel parco e tutto era fatto di carne! Gli alberi erano bistecche! Era il sogno più bello di sempre.*

Something woke me up, though. Right in front of me was a piece of a sandwich! I jumped to my feet and gobbled it down.

*All'improvviso, qualcosa mi ha svegliato. Proprio di fronte a me c'era un pezzo di panino! Sono saltato in piedi e l'ho ingoiato in un sol boccone.*

Mmmmm! It was so good! Just like my dream.

*Mmmm! Era così buono! Proprio come nel sogno.*

"Shh," said Brandon. "Don't tell Dad." What a nice little boy, I thought to myself.

*"Shhh" ha detto Brandon. "Non dirlo a papà". Che bravo bambino, ho pensato fra me e me.*

Day after day, Brandon would come visit me and give me a snack. Then, one day...

*Giorno dopo giorno, Brandon veniva da me e mi portava qualcosa da mangiare. Poi, un giorno...*

I was just about to eat it all when I thought of something. *Brandon always brings me food when I'm hungry. If I eat his food, then he'll be hungry. That isn't fair.*

*Stavo per mangiare tutto, quando ho fatto una riflessione: Brandon mi porta sempre del cibo quando ho fame. Se però mangio il suo pranzo sarà lui ad avere fame. Non è giusto.*

"I'm coming, Brandon!"
I howled.
*"Sto arrivando, Brandon!" Ho abbaiato.*

He and his dad were way down the street. I ran after them with the brown bag in my mouth.
*Lui e suo padre erano in strada. Li ho rincorsi con il sacchetto tra i denti.*

As I was passing an alleyway, I saw a cat. I hate cats! I forgot about my mission and dropped the bag.

*Mentre stavo attraversando un vicolo, ho visto un gatto. Odio i gatti! A quel punto ho dimenticato la mia missione e ho lasciato il sacchetto.*

"Bark, get out of here, cat! Bark, bark!" I barked.

*"Bau, via di qua, gattaccio!" Ho abbaiato.*

Then I remembered Brandon's lunch. He was going to be hungry if I didn't bring him his lunch!

*Ma poi mi sono ricordato del pranzo di Brandon. Non avrebbe avuto niente da mangiare se non gli avessi portato il pranzo!*

It was hard, but I forgot about the cat. I picked up the brown bag again and started running.

*È stato difficile, ma ho lasciato perdere il gatto. Ho ripreso il sacchetto marrone e ho ricominciato a correre.*

Further down the street, I stopped again. A butcher shop!

*Dopo un po', mi sono fermato di nuovo. Una macelleria!*

There were pieces of meat and sausages hanging everywhere. Mmmmm...

*C'erano salsicce e pezzi di carne penzolanti, ovunque. Mmmmm...*

Wait! I had to bring Brandon his lunch or he was going to be hungry!

*Aspetta! Dovevo riportare il pranzo a Brandon o non avrebbe avuto nulla da mangiare.*

It was hard, but I forgot about the meat. I grabbed the lunch and started running again.

È stato difficile, ma ho lasciato perdere la carne. Ho afferrato il pranzo e ripreso la corsa, ancora una volta.

I turned a corner and stopped. There was another dog wagging his tail.

*Voltato l'angolo mi sono fermato. C'era un altro cane che scodinzolava.*

"Hi, want to play?" he woofed.

*"Ciao, ti va di giocare?" mi ha chiesto.*

"I sure do!" I answered. "Oh, wait, I can't right now. I have to bring Brandon his lunch."

*"Certo!" Ho risposto. "Oh, aspetta, ora non posso. Devo portare il pranzo a Brandon".*

It was hard, but I forgot about playing. I grabbed the lunch and started running again.

*È stato difficile, ma ho lasciato perdere anche il gioco. Ho afferrato il pranzo e ripreso di nuovo la corsa.*

I could see the school—and there was Brandon with his dad! I ran as fast as I could.

*Riuscivo a vedere la scuola, e là c'era Brandon con suo padre! Ho corso più veloce che potevo.*

Stopping in front of Brandon, I dropped his lunch bag on the sidewalk. Just in time!

*Mi sono fermato davanti a Brandon, ho posato il sacchetto con il pranzo a terra. Appena in tempo!*

"Look, Dad, he brought my lunch!" exclaimed Brandon.

"Guarda, papà, mi ha riportato il pranzo!" ha esclamato Brandon.

"Wow, he sure did. That's amazing!" said his dad. They both patted me on the head.

"Wow, davvero. È incredibile!" ha detto il padre. Entrambi mi hanno fatto una carezza.

Brandon was happy and so was his dad.

*Brandon era molto felice, e anche suo padre lo era.*

In fact, his dad was so happy that he brought me home. He gave me a bath. He gave me food!

*Il padre era così felice che mi ha portato a casa con lui. Mi ha fatto un bagno. Mi ha dato da mangiare!*

Now when Brandon and his dad go walking, I get to walk with them. And when they go home, I get to go home with them!

*Ora, quando Brandon e suo padre escono a fare una passeggiata, esco anch'io con loro. Quando tornano a casa, torno anch'io insieme a loro!*

I love my new home and my new family!

*Adoro la mia nuova casa e la mia nuova famiglia!*

www.ingramcontent.com/pod-product-compliance
Lightning Source LLC
LaVergne TN
LVHW071959060526
838200LV00010B/239